大学時代に教えておいてほしかったこと

千田琢哉

SENDA TAKUYA

Introduction

大学時代にやっておくべき

たった二つのこと。

第一志望に告白してフラれておくこと。

将来その第一志望を後悔させると

決めること。

——— – – –

思い切り勉強すればいい。
思い切り遊べばいい。
思い切りアルバイトをすればいい。

だけど全身全霊でぶつかったのに
断られる経験をしなければ
人生は何も始まらない。

就活の段階で初めて断られた人は
その時点でポキリと折れてご臨終だ。

2024年10月吉日　南青山の書斎から
千田琢哉

Contents

1 邂逅

隣になった人が、運命の人。 ……………………………… 14

出逢いの量を増やしたければ、感じの良い人を演じ続けよう。 …… 16

周到に準備して出逢っても、ダメなものはダメ。 …………… 18

親友と出逢う率を高めたければ、
会っていきなり本音を言うのもいい。 …………………………… 20

あなたを一方的に嫌ってくる相手は、あなたを恐れているのだ。 …… 22

格下が格上にマウンティングをかますのは脊髄反射だと知る。 …… 24

成功者が冷たい人を演じるのは、雑魚を遠ざけるため。 ………… 26

候補者が温かい人を演じるのは、票を集めるため。 ……………… 28

将来世に出る人とは、大学時代にもう出逢っている。 ………… 30

大学時代に読み尽くした本の著者とは、将来きっと会える。 ……… 32

2 学び

単位の取得に関係なく大学の講義を聴きまくる。 …………………… 36

あの大学の退屈な講義の真価がわかるのは、
学んでいる者だけだった。 …………………………………… 38

真の学問は「博士号取得者」から学ぼう。 …………………………… 40

読書が嫌いな人は、母校出身の作家の本から読んでみる。 ………… 42

「〇〇なんて……」と批判する前に、まずその〇〇を学ぶ。 ………… 44

テレビドラマを見ると、その国に欠けているものがわかる。 ………… 46

最初から食わず嫌いをしない。 ………………………………………… 48

文系は中学受験の算数を復習しておこう。 ………………………… 50

理系は歴史と哲学を独学しておこう。 ……………………………… 52

『読書について』(ショウペンハウエル 著)を読んでおく。 ………………… 54

3　遊び
———－－－

「遊ぶなら都会に限る」は、嘘である。 ……………………………… 58

勉強も、遊びだ。 ………………………………………………………… 60

遊びも、勉強だ。 ………………………………………………………… 62

私にとって最高の息抜きは読書だった。 …………………………… 64

将来、遊びを仕事にするか仕事を遊びにすると、人生は勝ちだ。 … 66

無理に流行に合わせなくていい。 …………………………………… 68

「好き」を貫いていると、仲間に出逢いやすい。 …………………… 70

遊びでマウンティング合戦を始めると、
それはもう遊びではなくなる。 ……………………………………… 72

あなたは気にしていなくても、
遊びでポジションを下げることもある。 …………………………… *74*

『失われた時を求めて』(マルセル・プルースト 著)を
1日数ページずつ読んでみる。 …………………………………… *76*

4 友情
—— - - -

友だちは、増やすのではなく減らす。 ………………………………… *80*

「人脈があります」より、
「友だちはいません」と言える人が信頼される。 ………………… *82*

一切の綺麗事を排除すると、友情とはお互いに利用し合うことだ。 … *84*

友情ほど、ギブ・アンド・テイク。 …………………………………… *86*

仲間外れにされたら、将来あなたは成功する。 ………………… *88*

意味もなく見下した相手には、
数十年後に1億倍返しされる覚悟を。 …………………………… *90*

「学生時代の友は一生の友」という根拠のない迷言に縛られない。 … *92*

「友情に上下関係はない」は、嘘。 …………………………………… *94*

友情には賞味期限がある。 …………………………………………… *96*

『砂漠』(伊坂幸太郎 著)を読んでおく。 ………………………… *98*

5 恋愛

恋人は、顔で選べ。………………………………………………… 102

恋愛しないと、どんどん老け込む。…………………………… 104

フラれて落ち込むという経験は、全人類の通過儀礼だ。………… 106

手を握り合えば、すべてがわかる。…………………………… 108

恋のベースは性欲、愛のベースは尊敬。……………………… 110

「恋愛に上下関係はない」は、嘘。…………………………… 112

「この人とは続かないな」と感じたら、今別れておく。………… 114

恋愛には賞味期限がある。……………………………………… 116

愛情も、ギブ・アンド・テイク。……………………………… 118

『ノルウェイの森』(村上春樹 著)を読んでおく。……………… 120

6 ピンチ

立ち向かうばかりではなく、たまには逃げ切ってみる。………… 124

人工的にピンチを体験したければ、リーダーを買って出る。……… 126

ピンチの時に最初にやるべきは、深呼吸だ。…………………… 128

普段から万全の準備をしていた上でのピンチなら、
自然に身を委ねよ。……………………………………………… 130

小説や映画はピンチ対策ネタの宝庫だ。……………………… 132

ぼったくりバーに行くと、ステージが上がる。……………… 134

「こんな時、憧れのあの人ならどうするだろうか」と想像してみる。… 136

格下の前では弱みを見せるな。……………………………… 138

格上に相談するなら、予め決めておいた1人だけにする。………… 140

アメリカドラマ『FARGO／ファーゴ』を見ておく。………………… 142

7　就活
————– – –

ぶっちゃけ、面接官なんてただのしがないサラリーマンだ。………… 146

就活で一番損なのは東大生。………………………………… 148

必ずしも就活しなければならないわけじゃない。………………… 150

大手企業など見向きもせずに、
予備校講師を目指して就活していた。……………………… 152

7社から内定をもらい、
消去法でお酒を強要されない会社を選んだ。…………………… 154

何もしたいことがないなら、業界1位だけを受けるのも手。……… 156

筆記試験は、
本来受かるべき人を落とさないために実施している。…………… 158

面接に落ち続けるのは、練習で動画撮影をしないから。………… 160

内定は、品のある人順に出る。 ……………………………………… 162

『面接の達人 バイブル版』(中谷彰宏 著)を読んでおく。 …………… 164

8 進 路

大学時代に複数の予言者に言われたことを帰納しておく。 ………… 168

やりたいことより、褒められたことに才能がある。 ………………… 170

これからは起業家と思想家になるエリートが増える。 ……………… 172

結婚しないというのも、立派な決断である。 ………………………… 174

出産しないというのも、立派な決断である。 ………………………… 176

28歳までには何かのプロになっておく。 …………………………… 178

35歳までには業界に狼煙を上げておく。 …………………………… 180

40歳には自分の社会的ポジションは決まる。 ……………………… 182

40代以上の"プライドの高い落ちこぼれ"を、「老害」と呼ぶ。 ……… 184

ファーストライフの負けが確定したら、
セカンドライフに備えて準備せよ。 ………………………………… 186

9 SNS

個の魅力が露呈する残酷な時代が到来した。 190

これからは個人競技が得意だった人の独擅場になる。 192

疲れたら、「既読スルーの人」というブランドを構築してみる。 194

SNSを断絶するという生き方もある。 196

SNSは「1億総主人公」を気取れる魔法のツールだ。 198

SNS以外の時間に何をやっているかで、
SNSのコンテンツ力が決まる。 200

インチキでフォロワーを増やしても、バレバレ。 202

SNSの序列は、フォロワーの平均年収で決まる。 204

フォローするのをやめると、
これまで見えなかったものが見えてくる。 206

10%でいいから、自分とは対極の価値観にも触れる。 208

10 余録と補遺

成功者たちは大学1年生で成功のきっかけをつかんでいた。……212

「大学受験までは凄かったのに」と言われる人は、凄くなかった人。……214

お笑い芸人やロックンローラーが
社会的地位を求め始めたら、ご臨終。……………………………216

宗教に善悪はないが、強要する宗教は例外なく偽物。……………218

あなたの採用を反対していた老害は、
あの手この手であなたの邪魔をする。………………………………220

これからは「お客様は神様である」に
原点回帰した人から富豪になる。……………………………………222

将来、富と権力を獲得した暁には
昔嫌がらせを受けた相手への復讐が果たせる。……………………224

「お金とは力である」と知る。………………………………………226

世の中には知っているかどうかで雲泥の差がつくことがとても多い。……228

人生はかけ算。
「入学大学」×「ファーストキャリア」×「実績」を高めよ。……………230

本文デザイン・DTP／内藤富美子（北路社）
校正／東京出版サービスセンター

1

Encounter

邂逅

Encounter

隣になった人が、

運命の人。

世界的に有名なある小説家は、
講義でたまたま隣同士になった女性と結婚した。

大学時代に限らず、
たまたま隣同士になった相手が
生涯の親友になることは多い。

わざわざ出逢い探しの旅をしなくても、
日常に奇跡の出逢いは詰まっている。

私のこれまでの人生を支えてくれたのは、
全員例外なくたまたま出逢った人たちだ。

どこか遠くの誰かを探さなくても、
今隣にいるその人を
笑顔にしたほうがいい。

1

邂
逅

Encounter

出逢いの量を増やしたければ、

感じの良い人を演じ続けよう。

1

邂逅

「とにかく出逢いの量を増やしたい」
という人がいる。

正直でいいと思う。

どうしても出逢いの量を増やしたければ
左右対称に口角を程よく上げておくことだ。

感じの良い笑顔をスタンダードにしておけば、
1年後には出逢いが桁違いに増える。

何を隠そう、私自身がそれを習慣にして
10年間で1万人以上と対話したのだから。

Encounter

周到に準備して出逢っても、

ダメなものはダメ。

これは学生時代に限らないが
人工的に仕組まれた出逢いは
失敗に終わることが多い。

しらけるからという理由だけではなく、
どこか自然じゃないからだ。

利害関係のない状態で
偶然出逢った関係が長続きするのは
自然だからである。

今の時代はひきこもりだって
ネット上で無限の出逢いに恵まれるだろう。

ネアカはネアカのまま、
ネクラはネクラのままで
自然の出逢いを待てばいい。

1

邂
逅

Encounter

親友と出逢う率を高めたければ、

会っていきなり

本音を言うのもいい。

—— ‐ ‐ ‐

本来の私は大勢の人と出逢って
ワイワイガヤガヤしたくない。
ごく少数の人と
静かに長くお付き合いしたいと思っている。

昔から親友と出逢うのが得意だったが
そのコツをここで披露したい。

勇を鼓して
会っていきなり本音を言うのだ。

偽物の友だちが去り、
本物の友だちが残ってくれる。

1
‐ ‐ ‐
邂
逅

Encounter

あなたを

一方的に嫌ってくる相手は、

あなたを恐れているのだ。

1

邂逅

挨拶をしても無視する人がいる。
会釈をしても目を逸らす人がいる。

話しかけても露骨に嫌な顔をして
その場を去る人がいる。

でも本当はその人たちも心の中では
「またやってしまった」と
後悔しているものだ。

もしあなたを
一方的に嫌ってくる相手がいたら、
その人は劣等感の塊である。

Encounter

格下が格上に

マウンティングをかますのは

脊髄反射だと知る。

あなたが豊かな才能を授かった
"持てる者"だとしよう。
世の中の圧倒的多数は
あなたほど才能があるわけではない。

"持たざる者"たちは防衛本能から
ついあなたにマウンティングをかましてしまう。

それは"持たざる者"が被害者であり、
"持てる者"は加害者だからである。

被害者たちが
「俺の分が少ないぞ！」
「私の分が足りないわよ！」
と叫ぶのは当然だ。

1

邂逅

Encounter

成功者が

冷たい人を演じるのは、

雑魚を遠ざけるため。

1
邂逅

─── ─ ─ ─

あなたはきっと
将来それなりの成功をするだろう。
なぜなら
こうして本を読んで勉強しているからだ。

もうそれだけで
同世代人口の上位5％に入っている。

この先数々の成功者と出逢うだろうが、
彼、彼女らがどこか冷たく感じるはずだ。

それは卑しい雑魚を遠ざけるための仮の顔だから、
大魚になって懐に飛び込もう。

Encounter

候補者が

温かい人を演じるのは、

票を集めるため。

1
邂
逅

政治家に限らず
人気者にならないと生きていけない人たちは
別の人格を演じる。

もちろんそれは票を集めるためだ。
プロとして必ずしも悪いことではない。

大切なことはそうしたプロたちの人格を
そのまま鵜呑みにしないことだ。

慇懃無礼な者こそが、
最も信用ならない相手である。

Encounter

将来世に出る人とは、

大学時代に

もう出逢っている。

私は大学時代に
1万冊以上の本を貪(むさぼ)り読んだ。

その中には、
別の著者が同じ意見を述べていたことも
複数あった。

そのうちの一つが、
将来の成功者とはもう
大学時代に出逢っているというものだ。

今になってわかるが、これは真実だった。

まさに現在活躍している成功者たちは、
私が大学時代に出逢った人ばかりだ。

1

邂
逅

Encounter

大学時代に読み尽くした

本の著者とは、

将来きっと会える。

私は贔屓の著者の本を
すべて制覇したくなる性分だ。

大学の生協ではダントツの
"書籍注文王"で
名前も顔も憶えられていた。

「千田君、この本3万円するけど大丈夫？」
と、おばちゃんに念を押されたこともある。

不思議なのはあれだけ道楽した本を、
今は自分が書いているということだ。

さらに驚くことは、
制覇した著者と直接会って
話せるようになったことである。

1

邂
逅

2

Learning

学び

Learning

単位の取得に関係なく

大学の講義を聴きまくる。

―――― - - -

ギリギリの単位取得でも
過剰な単位取得でも
大学の授業料は同じだ。

私は単位をくれなくてもいいから
すべてのスケジュールを埋めて講義を聴いた。

わからなくてもわからないなりに傾聴した。

自分で本を買って調べながら
しがみついていった。

150人いた講義が最後は2人になり、
教授からランチをご馳走になったこともある。

2
- - -
学
び

Learning

あの大学の退屈な講義の

真価がわかるのは、

学んでいる者だけだった。

2

学び

───── ─ ─ ─

日本の大学の講義がつまらないと
かれこれ100年以上言われ続けている。

そこで私は考えてみた。
これはあの退屈な講義の真価がわかる逸材を
篩に掛ける戦略ではないかと。

私が大学4年間にわたって
受講し続けたインド哲学の講義は
年々わかるようになった。

なぜなら私は講義とは別に
読書を通して学んでいたからである。

Learning

真の学問は

「博士号取得者」から学ぼう。

―――― ‑ ‑ ‑

一切の綺麗事を排除すると、
大学教授には二通りいる。

博士号取得者とそれ以外だ。

経歴に「満期退学」や「単位取得退学」とあれば
博士号取得者ではない。

善悪の問題ではなく、
アカデミズムの世界において
両者の差は途轍もなく大きい。

真の学問に触れたければ
正真正銘の博士号取得者から
学ぶべきである。

2
‑‑‑‑
学
び

Learning

読書が嫌いな人は、

母校出身の作家の本から

読んでみる。

2

学
び

—— - - -

大学時代に本を読んだ人と読まなかった人の差は
一生かけても埋まらないだろう。
むしろ拡がり続けるはずだ。

「慣性の法則」で本を読む人はますます読み、
本を読まない人はますます読まなくなる。
どんなに読書嫌いな人でも、
母校出身の作家の本なら愛着を持てるだろう。

大学に限らず高校から小学校まで遡れば
作家の1人や2人くらいはいるはずだ。

Learning

「○○なんて……」と

批判する前に、

まずその○○を学ぶ。

―― ― ― ―

筋金入りのアンチ巨人は、
並の巨人ファンよりも巨人に詳しい。
我々もその向学心に倣うべきだ。

マルクス主義を批判したければ、
まずマルクスの思想を知らなければならない。

「よくわからないけどマルクスは間違っている！」と
吠えるのは、ミジンコと同じだ。

マルクスはもともと
詩人を目指していた牧歌的な人である。

Learning

テレビドラマを見ると、

その国に欠けているものが

わかる。

かれこれ10年ほど前から
アメリカでは映画よりもテレビドラマが熱い。

もちろんテレビで見られているのではなく、
オンデマンドで見られているのだ。

視聴者に直接課金してもらっているから
スポンサーに媚びる企画にしなくてもいい。

アメリカに限らず
韓国ドラマの質も年々向上しており、
日本は完敗である。

日本のドラマが
家族の絆を執拗に訴求し続けるのは、
きっとそれだけ崩壊している証拠だろう。

2

学
び

Learning

最初から

食わず嫌いをしない。

2

学び

教養を身につけたければ
最初から食わず嫌いをしないことだ。

その代わり
一度やってみて合わないとわかったなら、
もう二度とやらなくてもいい。

自分に向いていないことを無理にやるのは
寿命の無駄遣いだからである。

私は大学に入るまで現代文が食わず嫌いだったが、
大学で小学校の国語からやり直した。

その結果、読書が趣味になり
こうして本まで書けるようになったのである。

Learning

文系は

中学受験の算数を

復習しておこう。

―――― ― ― ―

高校受験までは何とか踏ん張れても
大学受験の数学を断念する人は非常に多い。

それもそのはず。
大学受験の数学は義務教育ではないから
全員が解けるようには作られていないのだ。

日常生活をより充実させるために役立つのは
算数である。

とりわけ偏差値が中程度の
中学受験の算数が解けるようになると
道が拓けるだろう。

2

学
び

Learning

理系は

歴史と哲学を

独学しておこう。

—— – – –

選ばれし頭脳の持ち主である理系の学生は
歴史と哲学も学んでおくと鬼に金棒だ。

専門書ではなく教養書や
場合によっては漫画でもいいだろう。

文系の学問の長所は
独学しやすいことである。

義務教育レベルでいいから
歴史の流れをつかみ、
人間の行動特性を予習しておこう。

古代哲学者のタレスから現代哲学者のドゥルーズ、
デリダ辺りまで思想の系譜をつかんでおこう。

2

学
び

Learning

『読書について』（ショウペンハウエル 著）

を読んでおく。

―― ‐ ‐ ‐

大学時代にぜひ一読してもらいたいのが
『読書について』である。

皮肉たっぷりだが的を射る言葉が満載だ。

著者は西洋近代哲学の完成者ヘーゲルと
犬猿の仲だった在野の哲学者である。

医学部から哲学部に転部し、
偏屈で嫉妬深い顔をしているが
どこかチャーミングだ。

あのニーチェも若かりし頃
この哲学者に影響を受けている。

2
‐ ‐ ‐
学
び

3

Play

遊 び

Play

「遊ぶなら都会に限る」は、

嘘である。

3

遊び

―― ― ― ―

一切の綺麗事を排除すると、
本物の遊びにはお金が必要だ。
お金のない遊びは偽物である。

もちろんお金がないならないなりに
楽しめるだろう。

だがそれは都会なら都会で、
田舎なら田舎で楽しめるのと同じである。

私は都会で暮らして都会で遊んでいるが、
いずれ田舎で暮らして田舎で遊びたい。

Play

勉強も、遊びだ。

3

遊び

私は大学 4 年間で本当によく学び、
本当によく運動をした。

あれ以上、充実した大学生活を送るのは
無理だったと今でも胸を張れる。

一点の曇りもなく断言できるのは、
勉強や運動は同時に遊びでもあったということだ。

当時からゲームはたくさんあったが、
どのゲームよりも勉強と運動に熱中できた。

私にとって人生はすべて遊びなのだ。

Play

遊びも、勉強だ。

3

遊び

もちろん合コンやスキーや
ボウリングやカラオケもやった。

それらの遊びを真剣にやると
必ず科学になることに気づかされるだろう。

仮説と検証を繰り返し、
帰納と演繹をひたすら繰り返す。

合コンは経営学、
スキーやボウリングは物理学、
カラオケは心理学だ。

私にとって人生はすべて勉強なのだ。

Play

私にとって

最高の息抜きは

読書だった。

3

遊び

「大学4年間で1万冊読むなんて無理でしょ」と
これまで100億人に言われてきた。

当時なけなしのお金で購入した本は
もったいないので貪欲に全部読んだ。

大学を卒業して引っ越しをする際に
古書店に蔵書を売り歩いたら
1万冊を超えていた。

なぜあんなに本を読めたのだろう。

本を読んで勉強して疲れたら、
息抜きに他の本を読んでいたからである。

Play

将来、

遊びを仕事にするか

仕事を遊びにすると、

人生は勝ちだ。

3

遊び

大学時代に
芸能界の某大御所の本を読んでいたところ
こう書いてあった。

「趣味を仕事にするか、
仕事を趣味にすれば成功する」

私は理屈抜きで
これは100％正しいと直感した。

当時渉猟していた私は、
今度は自分が本の著者になりたくなっていたのだ。
その結果、今ここにいる。

Play

無理に流行に

合わせなくていい。

3

遊び

周囲で流行っているからと
あなたまで無理にその遊びをする必要はない。

一度やってみて生理的に合わないなと思ったら
一生やらなくてもいいのだ。
あなたの人生はあなたが決めればいい。

生理的に合わないものではなく、
知らぬ間に没頭してしまうものをやるべきだ。

没頭できたものだけが、
将来のあなたを支えてくれる。

Play

「好き」を貫いていると、

仲間に出逢いやすい。

遊びや趣味は建前ではなく
本音でやることだ。

世間体や建前で遊びや趣味をやっていると
人生そのものが建前になってしまう。

そんなのは生きているのではなく
生きたふりをしているだけだ。

せっかく奇跡的に授かった命なのだから、
本音で遊びや趣味をやったほうがいい。

世間体を無視して
本音の「好き」を貫き通すと、
素敵な仲間と出逢うから。

3

遊び

Play

遊びで

マウンティング合戦を始めると、

それはもう遊びではなくなる。

3

遊び

せっかく好きで草野球をやっていたのに、
マウンティング合戦を始める輩がいる。

上手か下手かで激しく競い合うなら、
正々堂々とプロを目指すべきだ。

心の中で黙ってライバル心を燃やすのはいいが、
剥き出しにするのは下品である。

下手な連中ばかりで
どうしても我慢ならないのなら、
黙ってその場を去ればいい。

私もこれまでに数え切れないほど
そうしてきた。

Play

あなたは気にしていなくても、

遊びでポジションを

下げることもある。

―― ＿＿＿

学生時代に予習しておくといいのは、
いい加減な気持ちで遊びに参加しないということだ。

将来ゴルフをやる場合もこれは同じで、
下手過ぎるとポジションを下げてしまう。

いくら本業ではあなたのほうが格上でも、
ゴルフが下手だと自然に見下されるのだ。

実は周囲があなたを笑い者にして
本業のポジションまで下げるための
罠の場合もある。

将来人間不信に陥らないよう、
今からこういう人間の性を
知っておくことだ。

3

遊
び

Play

『失われた時を求めて』

（マルセル・プルースト 著）

を1日数ページずつ読んでみる。

———－－－

400字詰め原稿用紙換算で1万枚分と言われる
ギネス級の長編小説だ。

できればマドレーヌと紅茶を堪能しながら
数ページずつ読み進めるといい。

私は大学時代にいずれも
半年がかりで二度読み通した記憶がある。

将来この本をいつでも気まぐれで優雅に
読み返せる人生を創りたいと思った。

私にとってそれが最高の贅沢であり、
最高の遊びだから。

3
－－－
遊
び

4

Friendship

友情

Friendship

友だちは、

増やすのではなく減らす。

―――――

直截簡明に述べよう。
大学時代に友だちが多かった人間に
成功したヤツは1人もいない。

少なくとも
いつもウジャウジャ群れていた羊軍団から
成功者は輩出されなかった。

成功者たちの多くは
大学時代に友だちが1人もいなかったか、
いても1人だ。

駄弁っている時間はもったいないし、
学外のライバルと勝負しているからである。

4

友
情

Friendship

「人脈があります」より、

「友だちはいません」

と言える人が信頼される。

就活の面接では100人中99人が
「友だちが多い」ことを自慢する。
友だちが少なそうなのに、だ。

社会に出てからもこれは同じで
ダメな人間ほど
「私には人脈があります」と言う。

断言してもいいが、
「友だちはいません」と言える人は
それだけで一目置かれる。

私がこれまで出逢った人の中で
そう言う人は、
スーパーエリートか超絶美形だった。

4

友
情

Friendship

一切の綺麗事を排除すると、

友情とは

お互いに利用し合うことだ。

―― ― ― ―

どうかショックを受けないでもらいたいが、
利用価値のない相手と友情は築けない。

あなたより相手が利口だとか、
一緒にいると癒されるからこそ
友情は築けるのだ。

そうでなければ
一緒にいるのが単なる苦行に
なってしまうだろう。

その代わりあなたも
相手に利用されることを覚悟すべきだ。
お互い利用し合っても
許し合える相手が真の友である。

4

友情

Friendship

友情ほど、

ギブ・アンド・テイク。

ギブ・アンド・テイクと聞くと
どこかネガティブな印象を持つ人が多い。

だが虚心坦懐に世の中を観察していると、
すべてギブ・アンド・テイクだ。

貧しい人たちはテイクしかしないし、
豊かな人たちはギブを絶対に忘れない。

友情こそ、
ギブ・アンド・テイクを意識しておこう。

無意識レベルで
ギブ・アンド・テイクができるようになれば、
大人になった証拠だ。

4

友情

Friendship

仲間外れにされたら、

将来あなたは成功する。

──── － － －

イタリアから追い出された人たちが
フランスに住んでイタリアより繁栄させた。

フランスから追い出された人たちが
イギリスに住んでフランスより繁栄させた。

イギリスから追い出された人たちが
アメリカに住んでイギリスより繁栄させた。

追い出された人たちは
ふて腐れさえしなければ
いずれ追い出した人たちを超える。

もしあなたが今いる場所から追い出されたら、
将来成功する可能性が高い。

4

友
情

Friendship

意味もなく見下した相手には、

数十年後に

１億倍返しされる覚悟を。

人には
自分よりも頑張っている人を見ると、
ついからかいたくなる本能がある。

そのベースにあるのは
嫉妬と恐怖だ。

無意識のうちに
頑張っている人が将来格上になると察知し、
蹴落とそうとする。

だがそんな卑しい行為は
やめたほうがいい。

恨みというのは複利で募るから、
将来成功した相手から復讐されること必至だ。

4

友情

Friendship

「学生時代の友は一生の友」

という根拠のない迷言に

縛られない。

別に学生時代の友が
一生の友になってもいいのだが、
それに縛られるのは良くない。

なぜなら本来別れるべき相手と
別れられなくなるからである。

「俺たち親友だよな」
「私たち親友よね」
と念を押すのは、本当は違うからだ。

そんなことをいちいち確認し合う必要のないのが
親友であり、真の友情である。

一生の友というのは
あくまでも結果であって、
今から心配することではない。

4

友情

Friendship

「友情に上下関係はない」は、

嘘。

―― ‒ ‒ ‒

友情にも上下関係はある。
これは紛れもない事実だ。

勉強では自分が上だけど、
スポーツや社交では相手が上、
というように。

あるいは総合力で
あなたが上だとか相手が上ということも
あり得るだろう。

わざわざ口に出して言う必要はないけれども、
差異は差異として受容すべきである。

4
‒ ‒ ‒
友
情

Friendship

友情には賞味期限がある。

食材と同じで
友情にも旬や賞味期限があると考えよう。

そう考えたほうが
今この瞬間に感謝して
友だちをより大切にできるはずだ。

永遠ではないからこそ、
刹那を味わえるのである。

永遠ではないからこそ、
感謝が芽生えるのである。

たとえ絶交しても、
「今までありがとう」と
心の中で合掌できるといい。

4

友
情

Friendship

『砂漠』（伊坂幸太郎 著）

を読んでおく。

─── ‐ ‐ ‐

本書を読み終えたら、
ぜひやってもらいたいことがある。
『砂漠』を読んでおくことだ。

ちょうど大学生の入学から
卒業までの物語であり、
男女5人の友情が描かれている。

『色彩を持たない多崎つくると、彼の巡礼の年』（村上
春樹 著）も男女5人の物語だ。

もし私の大学時代にこの2冊があったなら、
どれだけ幸せだっただろう。

4
‐ ‐ ‐
友
情

5

Love

恋 愛

Love

恋人は、顔で選べ。

―――― － － －

なぜ顔で選ぶべきなのか。

それは顔にはその人の人生の集大成が
全部詰まっているからである。

我々は健康で免疫力のある相手の顔を
魅力的だと感じる本能が備わっているのだ。

さらに人は顔から
自分に欠けた能力を補ってくれる相手を
無意識に洞察している。

以上はルッキズムという次元を
遥かに超越した自然の摂理なのだ。

5
- - -
恋
愛

Love

恋愛しないと、

どんどん老け込む。

5

恋愛

ロシアの劇作家であるチェーホフが
こんなことを言っている。

恋をしない女はどんどん色褪せる。
恋をしない男はどんどんボケる。

老若男女問わず恋愛をしていない人は
どんどん老け込んで急速に死に向かうのだ。

たとえ片想いでもいいから、
恋をしておこう。

Love

フラれて落ち込むという経験は、

全人類の通過儀礼だ。

5

恋愛

—— － － －

大失恋という言葉は存在しない。
なぜなら失恋はすべて大失恋だからである。

フラれて落ち込むとか
フラれて死にたくなるというのは、
全人類が経験することだ。

あなただけの特権ではない。

フラれて落ち込む経験を乗り越えた人は、
就活の面接がグンと通りやすくなる。

Love

手を握り合えば、

すべてがわかる。

5
恋
愛

交際する前に手を握り合ってみよう。
手を握り合うと、一発で相性がわかる。

手を握り合うのは
セックスと同じだ。

掌には無限のセンサーがあり、
相手のすべてを洞察する。

よくわからないけど
何となく違和感を抱く相手だったら、
やめておくのが無難だ。

Love

恋のベースは性欲、

愛のベースは尊敬。

5

恋
愛

恋と愛は似ているけど違う。
恋のベースは性欲で短距離走、
愛のベースは尊敬で長距離走だ。

ごく短期間で冷めやすいのが恋であり、
どんどん深まるのが愛である。

「セックスの相手は若い人がいい」と思うなら、
それは恋だ。

お互いが90歳になった時
「この人と寄り添っていたい」と思えたら、
それは愛だ。

Love

「恋愛に上下関係はない」

は、嘘。

5

恋
愛

——－－－

恋人や夫婦をよく観察していると、
必ずどちらかが主導権を握っていることがわかるだろう。
しかも明確に。

恋愛に上下関係がある証拠である。

主導権とは何か。
いざとなったらいつでも決別する覚悟があるほうが
握るものだ。

Love

「この人とは続かないな」と

感じたら、今別れておく。

5

恋
愛

—— – – –

若いうちはとっかえひっかえしてもいいと
言っているのではない。

どうせ終わるとわかったら、
今終わらせておくことだ。

将来の離婚もこれは同じである。
「死に際に一緒にいたいとは思わない」のなら、
今離婚しよう。

それが人生を楽しむコツである。

Love

恋愛には賞味期限がある。

―――― – – –

厳しい現実だが、
恋愛にも賞味期限がある。

アンケート上は50%が仮面夫婦だとしても、
本心では90%以上が仮面夫婦だろう。

なぜこうなるのかと言えば、
結婚制度は
自然に反する人工の産物だからである。

だからどんどん不倫をして
自由恋愛をしましょうという
話をしたいわけではない。

もともと結婚制度には無理があるのだから、
継続には妥協と工夫が不可欠なのだ。

5
- - -
恋
愛

Love

愛情も、

ギブ・アンド・テイク。

5

恋
愛

「無償の愛こそが本物の愛」というのは、
建前であり美辞麗句である。

我が子に対する愛は無償の愛だろうか。
そんなことはない。

我が子が
本心からかわいいと思わせてくれるからこそ、
愛情を注ぐのである。

片方が財力をギブして
片方がセックスをギブするというのも
立派な愛情だ。

Love

『ノルウェイの森』（村上春樹 著）

を読んでおく。

—— – – –

私が大学時代に読んだ時に付箋を貼ったのは
下巻終盤の以下 2 箇所だった。

① 「P.S. この次教室で会っても話しかけないで下さい」

　（付箋のメモ）
　天邪鬼。
　手紙で本当に伝えたいことは、追伸に書く。

② 「どうして？」と緑は怒鳴った。

　（付箋のメモ）
　怒鳴るのが絵になるということは、
　緑はかなりの美人だということ。

5

- - -

恋
愛

6

Pinch

ピンチ

Pinch

立ち向かうばかりではなく、

たまには逃げ切ってみる。

—— – – –

人生で一度もピンチが訪れない人はいない。
誰もが例外なく無数のピンチに襲われる。

その際にピンチを乗り切るコツを
披露しておこう。

押してダメなら引いてみることだ。

毎回立ち向かってばかりで
疲れ気味の勇者がいたら、
たまには徹底的に逃げてみよ。

6

ピンチ

Pinch

人工的に

ピンチを体験したければ、

リーダーを買って出る。

6

ピンチ

ピンチが怖いからと言って
いつも逃げ回ってばかりの人がいる。
逃げるのは悪いことではないが、
たまには積極的にピンチを体験するのもいい。

手っ取り早くピンチを体験したければ、
リーダー役を買って出ることだ。

リーダーになると
失敗すればボロクソに批判され、
成功しても当たり前だと思われる。

その代わり
いつも文句ばかり言っている側では
永遠に学べないことが学べるだろう。

Pinch

ピンチの時に

最初にやるべきは、

深呼吸だ。

6

ピンチ

一度『ゴルゴ13』を
アニメーションで見てみよう。
彼は狙撃の直前、必ず深呼吸をする。

深呼吸で大切なのは
息を吸うことではなく
息を吐き切ることだ。

ゴルゴ13の真似をして息を吐き切れば、
あなたは必ずピンチを乗り越えられる。

ゴルゴ13以上のピンチに襲われる人なんて、
ほとんどいないのだから。

Pinch

普段から

万全の準備をしていた上での

ピンチなら、

自然に身を委ねよ。

6

ピンチ

きっとあなたは
慎重に準備をするタイプだろう。
なぜならこうして本を読むという行為自体が
無意識の準備になっているからだ。

膨大な本を読んでいる人は、
必ずピンチの時に
頭の抽斗がいくつも開き始める。

しかし、いくら用意周到にしても
人生でピンチをゼロにすることはできない。

その場合は「ええい、儘よ！」と囁いて
自然に身を委ねるのがベストアンサーだ。

Pinch

小説や映画は

ピンチ対策ネタの宝庫だ。

6
ピンチ

小説も映画も楽しむために存在する。
ここに議論の余地はない。

ところがあなたのピンチを支えてくれるのが
これら小説や映画なのだ。

小説や映画は原則フィクションだが、
どれも実際に起こり得るものばかりである。

歳を重ねるとわかるが、
人が頭の中で想像したことは
そのまま実現できることが多い。

Pinch

ぼったくりバーに行くと、

ステージが上がる。

6

ピンチ

ぼったくりバーを切り抜けるコツは、
街宣車対策と同じだ。

絶対にお金を払わないと決断し、
とことん沈黙して粘ることである。

相手はあなたに長居されて
回転率を下げられるのを一番恐れている。

売り言葉に買い言葉で応戦するのは
バカのやることだ。

暴力を振るわれたら傷害事件になるので、
スキップしながら警察に直行しよう。

Pinch

「こんな時、憧れのあの人なら

どうするだろうか」

と想像してみる。

6

ピンチ

—— － － －

あなたには憧れの人がいるだろうか。

同級生でもいいし先輩でもいい。
あるいはどこか遠くの誰かでもいい。

その人がピンチの時に
どうするのかを想像してみよう。

そのまま真似をしながら試行錯誤すれば、
カッコいい人生を送れるに違いない。

Pinch

格下の前では

弱みを見せるな。

大学生だからこそ、
社会に出る前だからこそ、
あなたに授けたい貴重な知恵がある。

あなたより格下の相手の前で
自分の弱みを見せないことだ。

そもそもそんな醜態を見られるような環境に
身を置くべきではない。

格下の相手はあなたの弱みを生涯記憶し、
何かあれば周囲に吹聴し続けるだろう。

格下というのは格上が苦悶する姿を
24時間365日見たくて
ウズウズしているものだ。

6

ピンチ

Pinch

格上に相談するなら、

予め決めておいた

1人だけにする。

相談をする際に
注意をしておきたいことがある。
あちこち相談して回らないことだ。

それをやらかすと
相談した相手から総スカンを食らい、
若くして干されてしまう。

格上に相談する場合には必ず
全幅の信頼を寄せている
特定の1人に限定することだ。

餅は餅屋だから、
分野ごとに1人ずつ
相談者を決めておくのもいい。

6

ピンチ

Pinch

アメリカドラマ

『FARGO/ファーゴ』を

見ておく。

一押しなのはシーズン1だが、
どのシーズンも"いい味"を出している。

たとえばシーズン4の
ジェシー・バックリーと
サルヴァトーレ・エスポジトは最高だ。

前者は殺人鬼の看護師役、
後者はマフィアのボスの弟役だが
ハマり役過ぎて震える。

アメリカドラマがすごいのは
スポンサーに媚びず
視聴者に向けて制作されている点だ。

ピンチというのは
常に人が運んでくるものであり、
早めの絶縁が決定打になる。

6

ピンチ

7

Job hunting

就活

Job hunting

ぶっちゃけ、

面接官なんてただの

しがないサラリーマンだ。

―― ‑ ‑ ‑

いつか誰かが言わなければならないことなので
私が言っておく。

就活で出逢う面接官は100％
その辺の凡人である。

露骨に見下す必要はないが、
過度に緊張する必要もない。

天才だったら
サラリーマンなんかやっていないで、
さっさと独立しているはずだ。

彼も人なり我も人なり。

7

‑‑‑‑

就
活

Job hunting

就活で一番損なのは

東大生。

―― ― ― ―

これまたタブーに触れるが
大切なことを一つ。

東大生を筆頭に
一流大生が就職するのは損だ。

せっかく大学受験で勝者になったのに、
敗者たちと一緒の行列に並んでどうする。

それはあなたに天性の頭脳を授けてくれた
神に対する冒涜だ。

以上を理解した上で就活するのが
いいだろう。

7

就活

Job hunting

必ずしも

就活しなければならない

わけじゃない。

私の場合は
大学時代に文筆家になると決めていたので
就活は完全に手段だった。

会社勤めは出版のチャンスをつかむまでの
猶予期間だったのである。

もし就職なんてしなくても
本が出せれば
それに越したことはなかったのだ。

あなたにも叶えたい夢があるだろう。

その夢を実現するためには
本当に就活が必要なのかと
一度疑ってみる価値はある。

7

就活

Job hunting

大手企業など見向きもせずに、

予備校講師を目指して

就活していた。

私が最初に目指していたのは
大手予備校のカリスマ講師だった。

当時広告代理店と総合商社出身の
カリスマ著者がいたので土俵をずらしたのだ。

学習参考書でヒット作を出してから
今のような文筆家への転身を
目論んでいたのである。

同じ大学の同級生の中に
新卒で予備校講師を志望していた者は
私の知る限り1人もいなかった。

第一志望の予備校から内定をもらったものの、
結局ドロップアウトして辞退したが。

7

就活

Job hunting

7社から内定をもらい、

消去法でお酒を強要されない

会社を選んだ。

――― - - -

予備校を辞退した理由は、
内定式の雰囲気に
耐えられなかったためである。

「自分のいるべき場所ではない」と直感し、
居ても立っても居られなくなったのだ。

予備校以外にも
7つの上場企業から内定をもらえたため、
損害保険会社に決めた。

保険に興味があったわけではなく、
お酒を強要されない会社だと確認できたからだ。

最終的にはこれが吉と出て、
私のデビュー作は
保険業界向けの本になった。

7
- - -
就
活

Job hunting

何もしたいことがないなら、

業界１位だけを受けるのも手。

—— - - -

今も昔も東大生でよく見かけるのが、
業界1位だけを受けまくる学生だ。

日銀と三菱商事と東京海上日動と
日本生命と電通と
フジテレビと講談社を受ける。

やりたいことがあるのではなく、
業界1位に身を置きたいだけだ。

そしてこの考え方は極めて素晴らしい。

どうせ同じ仕事をするのであれば、
業界1位で働くほうが断然お得である。

7

就活

Job hunting

筆記試験は、

本来受かるべき人を

落とさないために実施している。

難関企業では
筆記試験で足切りをすることが多い。

そうしないと
毎年何万人も面接をしなければならなくて
仕事にならないからだ。

さらに筆記試験の真実を公開しておこう。

難関企業の筆記試験は
必死に対策をした努力家を
選ぶためにやるのではない。

むしろその逆で、
努力しなくてもできる人を選ぶために
実施しているのだ。

7

就活

Job hunting

面接に落ち続けるのは、

練習で動画撮影をしないから。

1次面接で連敗中の人の共通点は
自己観照（じ こ かんしょう）ができていないことだ。

率直に申し上げて、
自分の「キモさ」がわかっていないのである。

面接官も大人だから
「あなた気持ち悪いですよ」とは
絶対に教えてくれない。

解決方法は
自分が面接する姿を動画撮影して
ありのままの現実を受容することである。

「穴があったら入りたい」と赤面したら、
次のステージに進めるだろう。

7

就
活

Job hunting

内定は、

品のある人順に出る。

最近は筆記試験よりも
筆記試験以外で入学する学生のほうが
多くなってきた。

「そんなの不公平だ！」と
真っ赤な顔をして叫びたくなる気持ちは
痛いほどわかる。

だが現実には
推薦で入学した学生のほうが
就活で善戦することが多い。

理由は筆記試験入学者と比べて
推薦入学者たちは品があるからだ。

以上を知って
批判に終始するか品を高めるかは
あなたの自由である。

Job hunting

『面接の達人 バイブル版』

（中谷彰宏 著）

を読んでおく。

7

就活

1990年代から就活本は
文字通り星の数ほど出された。

結局風雪に耐えたのは
『面接の達人 バイブル版』である。

この本は就活をしてもしなくても
読んでおいたほうがいい。

なぜなら、たとえ就活しなかったとしても、
人生はオーディションの連続だからである。

私のような文筆家でも
本を1冊出すためには
誰かに選ばれなければならない。

8

Future

進 路

Future

大学時代に

複数の予言者に言われたことを

帰納しておく。

―― ‑ ‑ ‑

夢を叶えた人たちと密室で胸襟を開くと、
こんな本音を打ち明けられることが多い。

「大学時代に予言してくれた人が複数いた」

思えば、私も複数の予言者から
「本を書くといいよ」と言われたものだ。

予言者には文字通り占い師もいれば
国語の偏差値80の女性もいた。

あなたのことは、あなたよりも
あなたの周囲にいる人たちのほうが
よく見えるのだ。

8

‑ ‑ ‑

進
路

Future

やりたいことより、

褒められたことに

才能がある。

8

進路

やりたいことをやりたがる人は本当に多い。

やりたいことを貫く人の99％以上は
やりたいことをやっただけの凡人で終わる。
自分の人生だから自分で決めればいい。

だが、もし才能を開花させて
成功したいのであれば、
褒められたことを極めよう。

多くの人から賞賛されることをやっていると、
人は自然にそれが好きになるからだ。

Future

これからは

起業家と思想家になる

エリートが増える。

8
進路

鋭い人であればすでにお気づきのように
トップ・オブ・トップの逸材は就活しない。

団塊ジュニア世代は
学士助手（今は廃止）・東大理Ⅲ・大蔵官僚の
いずれかを選んだ。

現在もそれらがゼロになったわけではないが、
東大発起業家が異様に増えている。

これは素晴らしい傾向だと私は思う。

すでに片鱗が見えているが、
これからは思想家も増えるに違いない。

Future

結婚しないというのも、

立派な決断である。

結婚の本質を
あなたは考えたことがあるだろうか。

結婚とは、
稼いでいないほうが
一方的に得をする制度である。

男女問わず稼いでいる人が結婚するのは
（少なくとも経済的には）
損なのだ。

法というのは
基本的に弱者を守るためのものだから、
当然と言えば当然である。

少子化問題が叫ばれて久しいが、
これから結婚しない人は
ますます増えるだろう。

8

進
路

Future

出産しないというのも、

立派な決断である。

女性には全員
出産したいという本能があるというのは
嘘だ。

本当は出産なんてしたくないのに、
やむを得ない事情で出産した女性も多い。

それは授かり婚だけではなく、
身近な人々からのプレッシャーや
社会的偏見もある。

今は古代でもなければ中世でもないのだから、
もっと本音で生きてもいい。

「出産なんて痛いからイヤです！」
と言う女性が増えるのは
至極自然である。

8

進
路

Future

28歳までには

何かのプロになっておく。

―― ― ― ―

仮に23歳で社会に出たとして
その5年後が28歳だ。

5年あれば何かのプロになれる。

学究の世界でも27歳には
博士号を取得できるが、
それもプロのスタートだ。

医師の世界でも26歳には
研修医を終えており、
プロとしてスタートしている。

別にプロにならなくてもいいという人は、
本書を放り投げてのんびり生きればいい。

8
- - -
進
路

Future

35歳までには

業界に狼煙を上げておく。

28歳でプロの扉の前に立ち、
その7年後の35歳までには活躍しておきたい。

どの程度を活躍と呼べるのかと言うと、
少なくとも業界で名を知られるレベルだ。

私は35歳までに
保険業界紙の長期連載を開始し、
会社員時代に3冊の本を出した。

もちろん早い人は
20代でとっくに世に出ていたが、
別にそこまで慌てる必要はない。

換言すれば、
35歳までに世に出られない人は
永遠に世に出られない可能性が高い。

8

進路

Future

40歳には

自分の社会的ポジションは

決まる。

誰も口に出して教えてくれないが、
社会的ポジションは40歳までに決まる。

換言すれば、
40歳のあなたのポジションが
そのまま社会的ポジションなのだ。
ここに議論の余地はない。

40歳で負け組なら
それ以降はもっと負け組だ。

勝ち組はより高みを目指し、
負け組はただひたすら
楽しい人生を歩めばいい。

8

進路

Future

40代以上の

"プライドの高い落ちこぼれ"

を、「老害」と呼ぶ。

8

進
路

私は入社してすぐに
後退りするほど驚いたことがある。

当時社員数8000人の
その組織を支えていたのは、
28～32歳の若手社員だったのだ。

40代以上の管理職や幹部社員の中に
有能な人材は1人もおらず、
全員寄生虫だった。

寄生虫たちの年収は
2000万円や3000万円であり、
プライドだけはエベレスト級に高い。

小林多喜二の『蟹工船』を彷彿させた。

Future

ファーストライフの負けが

確定したら、

セカンドライフに備えて

準備せよ。

これからは
セカンドライフを充実させることが大切だ。

なぜならファーストライフでは
9割以上が負けるからである。

「私は勝ち組ですか？　負け組ですか？」
と質問する人もいるが、その人は負け組だ。

勝ち組の人はそんな卑しい質問をしないし、
そんな質問が頭を過ることすらない。

セカンドライフの準備は負けが確定した
40歳から粛々とスタートしておこう。

8

進路

9

Social Networking Service

SNS

Social Networking Service

個の魅力が露呈する

残酷な時代が到来した。

すでにお気づきのように
SNSは個の魅力がダダ漏れになる。

SNS上では退屈な人は価値がなく、
面白い人だけに価値があるからだ。

面白さとは
「美しさ」「エロさ」「過激さ」のいずれか、
または組み合わせになる。

もちろん「賢さ」で挑むことも可能だが、
それを求める絶対数が少ないため難しい。

以上は善悪や正誤の問題ではなく、
そういう時代が到来したという事実だ。

9

S
N
S

Social Networking Service

これからは

個人競技が得意だった人の

独擅場になる。

―― – – –

2010年までは集団競技で
協調性やチームプレーを学んだ人たちが
重宝された。

それはそれで悪くないし、
むしろ好ましいことだったと私は思う。

ところが2010年代から
SNSが本格的に浸透してきて
様相は一変した。

筋トレ・ピラティス・卓球・歌・理III・灘といった
個人競技の活躍者が増えている。

集団競技だと隠せた無能さも
個人競技では隠せないからシビアな時代だ。

9

S
N
S

Social Networking Service

疲れたら、

「既読スルーの人」という

ブランドを構築してみる。

SNSでしんどいのは
常に誰かに監視されている気がすることだろう。

まるでイギリスの哲学者・ベンサムが考案した
パノプティコン（一望監視システム）のよう
ではないか。

20世紀に
「大至急折り返し電話ください」という伝言が
ウザかったのと同じだ。

ここは思い切って
「既読スルーの人」「フォローしない人」
と印象付けてみよう。

中途半端に相手に期待させることから
あらゆる人間関係の悩み事は発生するのだ。

9
S
N
S

Social Networking Service

SNSを断絶するという

生き方もある。

9

S
N
S

かなりの地位を
築いた芸能人の中には
スマホを持っていないという人もいる。
もちろんSNSなんて見たこともないようだ。

それ以前には電話を持たない主義の有名人もいたが
それはそれで幸せそうだった。

別にないならないで困らないということを
成功者たちが証明してくれているのだ。

現在、私は港区南青山で執筆しているが、
いずれ喜撰法師のようにうぢ山に住みたい。

Social Networking Service

SNSは

「1億総主人公」を気取れる

魔法のツールだ。

9

S N S

人は誰でも承認欲求がある。
より正確には承認欲求の塊が人間だ。

つまりSNSは人間の本質を見事に突いた
魔法のツールと言える。

この先まだまだ進化するだろうが、
これまでの歴史で最高の発明かもしれない。

どんなに虐げられてきた人でも、
工夫次第では大統領を凌駕することもできる。

Social Networking Service

SNS以外の時間に

何をやっているかで、

SNSのコンテンツ力が決まる。

9
S
N
S

SNSのコンテンツ力は
SNSをやっている時間では決まらない。

SNS以外の時間をどう過ごしているかで
SNSのコンテンツ力は決まるのだ。

恋をして、失恋をして、傷ついて、
喜怒哀楽の激しい人生を歩んだ人は強い。
これは私のような文筆家も同じだ。

文章を書いている時間より、
書いていない時間の過ごし方で
コンテンツ力は決まる。

Social Networking Service

インチキで

フォロワーを増やしても、

バレバレ。

美容整形が流行って久しいが、
SNSのフォロワー数の整形もお盛んのようだ。

私はその道の専門家ではないが、
見た瞬間に「これはインチキだ！」とわかる。

それは実績やコンテンツと各種数字が
アンバランスだからだ。

知らぬは本人ばかりで、
身近な人からも嘲笑われていると
気づくべきだろう。

反対に実績やコンテンツの割に
フォロワー数がそれほど多くない人には
凄みがある。

9

S
N
S

Social Networking Service

SNSの序列は、

フォロワーの平均年収で決まる。

―― ― ― ―

出版社をはじめとするビジネスのプロたちは
SNSのフォロワーをどう見ているのだろう。

フォロワー数はいくらでも捏造できるから
鵜呑みにはしない。
それよりはフォロワーの中身を
洞察しようとする。

フォロワーの中身とは、
つまり平均年収のことだ。

フォロワー数が50人でも
フォロワーの平均年収が5億円という人も
実在する。

9
- - -
S
N
S

Social Networking Service

フォローするのをやめると、

これまで見えなかったものが

見えてくる。

9

S
N
S

たまにフォロー数が0という人をお見かけする。
これを嫌味だとか性格が悪いという人もいるが、
私は潔くて好感を持つ。

フォロー数を0にすると
フォロワーは減るかもしれないが、
本物のフォロワーが残る。

知人や通りすがりの人はいなくなるが、
親友が残るイメージだ。

もし本気で人生を変えたければ、
何かを付加する前に何かをやめることである。

Social Networking Service

10％でいいから、

自分とは対極の価値観にも

触れる。

―― － － －

SNSではそれこそ
裁判沙汰に発展するようなバトルも
日々繰り広げられている。

人は真実を知りたいのではなく、
自分を甘やかせてくれる美辞麗句を好むからだ。
だから「真実を教えてください！」と懇願されて
真実を教えると、ブスッと刺される。

それでもあなたが成長したければ、
10％でいいから反対意見にも耳を傾けよう。

反対意見に興奮しなくなった時、
あなたは次のステージに進んだことになる。

9
- - -
S
N
S

10

Extras and addenda

余録と補遺

Extras and addenda

成功者たちは大学1年生で

成功のきっかけをつかんでいた。

——— – – –

大学は4年間あると思って
のんびり過ごしている人は多い。

ところが将来成功する人は
大学1年生で何かしらのきっかけをつかんでいる。

やり手経営者は大学1年生から起業するか、
少なくとも準備を始めているものだ。

作家になる人は大学1年生から書いているか、
少なくとも本を貪り読んでいるものだ。

スタートが早いと
それだけ成功しやすいのは間違いない。

10

余録と補遺

Extras and addenda

「大学受験までは凄かったのに」

と言われる人は、

凄くなかった人。

中学受験までは凄かったけど
その後鳴かず飛ばずの人は、
凄くなかったのだ。

同様に大学受験までは凄かったけど
その後冴えなかった人は、凡人だ。

世の中には就活が得意だけど
仕事がまるでできないという人も多い。

もちろんそんな人たちは微塵も凄くないし、
凡人中の凡人だ。

人間というのは
30歳以降から実力が剥き出しになる。

10

余録と補遺

Extras and addenda

お笑い芸人やロックンローラーが

社会的地位を求め始めたら、

ご臨終。

―――― – – –

お笑い芸人は社会的地位を求めないからこそ、
大衆の憧れの存在なのだ。

ロックンローラーが社会的地位を求め始めたら、
もはやロックではない。

ところが昨今はお笑い芸人やロックンローラーが
社会的地位を求め始めた。

それらの業界が一度崩壊し、
再構築される合図である。

私は高校時代に THE BLUE HEARTS に出逢ってから
社会的地位を捨てた。

10
- - -
余録と補遺

Extras and addenda

宗教に善悪はないが、

強要する宗教は

例外なく偽物。

10

余録と補遺

———－－－

宗教を信じるのは悪いことではない。

むしろ海外では宗教を信じていない人は
「こいつ大丈夫か？」と信用を失う。

宗教で注意しなければならないのは、
強要してはいけないということだ。
強要する宗教は例外なく偽物である。

強要からすべての殺戮が始まるのだ。

Extras and addenda

あなたの採用を反対していた

老害は、あの手この手で

あなたの邪魔をする。

10

余録と補遺

もしあなたを
不当に低く評価している老害がいたとしよう。

その老害はあの手この手で
あなたの能力が低い事実を捏造しようと
躍起になる。

空気のごとく完全犯罪で
あなたを村から追い出そうとするだろう。
村社会では大なり小なり
この繰り返しだ。

あなたがその村から飛び出すと
飛躍的に出世し、
その村は衰退の一途を辿る。

Extras and addenda

これからは

「お客様は神様である」に

原点回帰した人から

富豪になる。

20世紀末に
「お客様は神様であるなんてもう古い！」
と主張した人物がいた。
ショッキングピンクの本で売り出した
某経営コンサルタントだ。

そのコピーを鵜呑みにした
下流の経営コンサルティング会社が
全国に拡散した。

その結果が
今のサービス業の接遇・マナーの醜態に
直結している。

現在は劣悪なサービスが跋扈しているから、
原点回帰すれば一人勝ちできるだろう。

10

余録と補遺

Extras and addenda

将来、富と権力を獲得した暁には

昔嫌がらせを受けた相手への

復讐が果たせる。

―――― - - -

成功者の一番の楽しみは何か。
酒池肉林の贅沢三昧の
人生を送ることではない。

これまで私が出逢った
富と権力を獲得した成功者たちの道楽は
たった一つ、復讐だ。

名もなく貧しかった頃に
嫌がらせを受けた相手に
じっくりと復讐を果たしていた。

たとえば敵の近所に
自社の支店をオープンして
瞬殺するなどは日常茶飯事である。

10
- - -
余録と補遺

Extras and addenda

「お金とは力である」と知る。

——— – – –

たとえ学生でもお金を払う立場なら
断じてなめられるべきではない。
なぜなら、お金とは力だからである。

不動産屋・ホテル・カフェで
露骨に見下されたら
話を遮って中座して帰ってもいい。

それは基本的人権に関わることであり、
自分の命を安売りするべきではないのだ。

以上は傲慢に振る舞えという意味ではないから、
誤解なきよう。

10

– - - -

余録と補遺

Extras and addenda

世の中には知っているかどうかで

雲泥の差がつくことが

とても多い。

10

余録と補遺

たとえば医師の間では
「こりゃダメだ」という癌治療がある。

私が経営コンサルタントをしていた時に学んだ
知恵の一つがまさにこれだった。

世の中には単純に
それを知っているか知らないかで
生死が決まることが多いのだ。

お金も力だが、知識もまた力である。

情報に埋もれて
身動きが取れないのは愚の骨頂だが、
向学心は不可欠なのだ。

Extras and addenda

人生はかけ算。

「入学大学」×

「ファーストキャリア」×

「実績」を高めよ。

―― ― ― ―

最後に誰も教えてくれないけど、
とても大切な知恵を伝授したい。

人生は
「入学大学」「ファーストキャリア」「実績」
のかけ算で決まる。

どれか一つが弱ければ
他の二つで挽回するしかない。

二つ弱ければ
残りの一つで突出するしかない。

以上の現実から目を逸らさず
きちんと生きた人は
雪だるま式に幸せになるだろう。

10

余録と補遺

千田琢哉著作リスト（2024年11月現在）

〈アイバス出版〉
『一生トップで駆け抜けつづけるために20代で身につけたい勉強の技法』
『一生イノベーションを起こしつづけるビジネスパーソンになるために20代で身につけたい読書の技法』
『1日に10冊の本を読み3日で1冊の本を書くボクのインプット＆アウトプット法』
『お金の9割は意欲とセンスだ』

〈あさ出版〉
『この悲惨な世の中でくじけないために20代で大切にしたい80のこと』
『30代で逆転する人、失速する人』
『君にはもうそんなことをしている時間は残されていない』
『あの人と一緒にいられる時間はもうそんなに長くない』
『印税で1億円稼ぐ』
『年収1,000万円に届く人、届かない人、超える人』
『いつだってマンガが人生の教科書だった』
『君が思うより人生は短い』
『作家になる方法』
『大学時代に教えておいてほしかったこと』

〈朝日新聞出版〉
『人生は「童話」に学べ』

〈海竜社〉
『本音でシンプルに生きる！』
『誰よりもたくさん挑み、誰よりもたくさん負けろ！』
『一流の人生 ── 人間性は仕事で磨け！』
『大好きなことで、食べていく方法を教えよう。』

〈Gakken〉
『たった2分で凹みから立ち直る本』
『たった2分で、決断できる。』
『たった2分で、やる気を上げる本。』
『たった2分で、道は開ける。』

『たった2分で、自分を変える本。』
『たった2分で、自分を磨く。』
『たった2分で、夢を叶える本。』
『たった2分で、怒りを乗り越える本。』
『たった2分で、自信を手に入れる本。』
『私たちの人生の目的は終わりなき成長である』
『たった2分で、勇気を取り戻す本。』
『今日が、人生最後の日だったら。』
『たった2分で、自分を超える本。』
『現状を破壊するには、「ぬるま湯」を飛び出さなければならない。』
『人生の勝負は、朝で決まる。』
『集中力を磨くと、人生に何が起こるのか?』
『大切なことは、「好き嫌い」で決めろ!』
『20代で身につけるべき「本当の教養」を教えよう。』
『残業ゼロで年収を上げたければ、まず「住むところ」を変えろ!』
『20代で知っておくべき「歴史の使い方」を教えよう。』
『「仕事が速い」から早く帰れるのではない。「早く帰る」から仕事が速くなるのだ。』
『20代で人生が開ける「最高の語彙力」を教えよう。』
『成功者を奮い立たせた本気の言葉』
『生き残るための、独学。』
『人生を変える、お金の使い方。』
『「無敵」のメンタル』
『根拠なき自信があふれ出す!「自己肯定感」が上がる100の言葉』
『いつまでも変われないのは、あなたが自分の「無知」を認めないからだ。』
『人生を切り拓く100の習慣』
【マンガ版】『人生の勝負は、朝で決まる。』
『どんな時代にも通用する「本物の努力」を教えよう。』
『「勉強」を「お金」に変える最強の法則50』
『決定版 人生を変える、お金の使い方。』
【ハンディ版 マンガ】『人生の勝負は、朝で決まる。』

〈KADOKAWA〉
『君の眠れる才能を呼び覚ます50の習慣』
『戦う君と読む33の言葉』

〈かや書房〉
『人生を大きく切り拓くチャンスに気がつく生き方』
『成功者は「今を生きる思考」をマスターしている』

〈かんき出版〉
『死ぬまで仕事に困らないために20代で出逢っておきたい100の言葉』
『人生を最高に楽しむために20代で使ってはいけない100の言葉』
『20代で群れから抜け出すために顰蹙を買っても口にしておきたい100の言葉』
『20代の心構えが奇跡を生む【CD付き】』

〈きこ書房〉
『20代で伸びる人、沈む人』
『伸びる30代は、20代の頃より叱られる』
『仕事で悩んでいるあなたへ 経営コンサルタントから50の回答』

〈技術評論社〉
『顧客が倍増する魔法のハガキ術』

〈KKベストセラーズ〉
『20代　仕事に躓いた時に読む本』
『チャンスを掴める人はここが違う』

〈廣済堂出版〉
『はじめて部下ができたときに読む本』
『「今」を変えるためにできること』
『「特別な人」と出逢うために』
『「不自由」からの脱出』
『もし君が、そのことについて悩んでいるのなら』
『その「ひと言」は、言ってはいけない』
『稼ぐ男の身のまわり』
『「振り回されない」ための60の方法』
『お金の法則』
『成功する人は、なぜ「自分が好き」なのか？』

〈実務教育出版〉
『ヒツジで終わる習慣、ライオンに変わる決断』

〈秀和システム〉
『将来の希望ゼロでもチカラがみなぎってくる63の気づき』

〈祥伝社〉
『「自分の名前」で勝負する方法を教えよう。』

〈新日本保険新聞社〉
『勝つ保険代理店は、ここが違う！』

〈すばる舎〉
『今から、ふたりで「5年後のキミ」について話をしよう。』
『「どうせ変われない」とあなたが思うのは、「ありのままの自分」を受け容れた
くないからだ』

〈星海社〉
『「やめること」からはじめなさい』
『「あたりまえ」からはじめなさい』
『「デキるふり」からはじめなさい』

〈青春出版社〉
『どこでも生きていける100年つづく仕事の習慣』
『「今いる場所」で最高の成果が上げられる100の言葉』
『本気で勝ちたい人は やってはいけない』
『僕はこうして運を磨いてきた』
『「独学」で人生を変えた僕がいまの君に伝えたいこと』

〈清談社Publico〉
『一流の人が、他人の見ていない時にやっていること。』
『一流の人だけが知っている、他人には絶対に教えない この世界のルール。』
『一流の人が、他人に何を言われてもやらなかったこと。』

『29歳までに知っておきたかった100の言葉』

〈総合法令出版〉
『20代のうちに知っておきたい お金のルール38』
『筋トレをする人は、なぜ、仕事で結果を出せるのか？』
『お金を稼ぐ人は、なぜ、筋トレをしているのか？』
『さあ、最高の旅に出かけよう』
『超一流は、なぜ、デスクがキレイなのか？』
『超一流は、なぜ、食事にこだわるのか？』
『超一流の謝り方』
『自分を変える 睡眠のルール』
『ムダの片づけ方』
『どんな問題も解決する すごい質問』
『成功する人は、なぜ、墓参りを欠かさないのか？』
『成功する人は、なぜ、占いをするのか？』
『超一流は、なぜ、靴磨きを欠かさないのか？』
『超一流の「数字」の使い方』

〈SBクリエイティブ〉
『人生でいちばん差がつく20代に気づいておきたいたった1つのこと』
『本物の自信を手に入れるシンプルな生き方を教えよう。』

〈ダイヤモンド社〉
『出世の教科書』

〈大和書房〉
『20代のうちに会っておくべき35人のひと』
『30代で頭角を現す69の習慣』
『やめた人から成功する。』
『孤独になれば、道は拓ける。』
『人生を変える時間術』
『極 突破力』

〈宝島社〉
『死ぬまで悔いのない生き方をする45の言葉』
【共著】『20代でやっておきたい50の習慣』
『結局、仕事は気くばり』
『仕事がつらい時 元気になれる100の言葉』
『本を読んだ人だけがどんな時代も生き抜くことができる』
『本を読んだ人だけがどんな時代も稼ぐことができる』
『1秒で差がつく仕事の心得』
『仕事で「もうダメだ！」と思ったら最後に読む本』

〈ディスカヴァー・トゥエンティワン〉
『転職1年目の仕事術』

〈徳間書店〉
『20代で身につけたい 一度、手に入れたら一生モノの幸運をつかむ50の習慣』
『想いがかなう、話し方』
『君は、奇跡を起こす準備ができているか。』
『非常識な休日が、人生を決める。』
『超一流のマインドフルネス』
『5秒ルール』
『人生を変えるアウトプット術』
『死ぬまでお金に困らない力が身につく25の稼ぐ本』
『世界に何が起こっても自分を生ききる25の決断本』
『10代で知っておきたい 本当に「頭が良くなる」ためにやるべきこと』

〈永岡書店〉
『就活で君を光らせる84の言葉』

〈ナナ・コーポレート・コミュニケーション〉
『15歳からはじめる成功哲学』

〈日本実業出版社〉
『「あなたから保険に入りたい」とお客様が殺到する保険代理店』
『社長！この「直言」が聴けますか？』
『こんなコンサルタントが会社をダメにする！』
『20代の勉強力で人生の伸びしろは決まる』
『ギリギリまで動けない君の背中を押す言葉』
『あなたが落ちぶれたとき手を差しのべてくれる人は、友人ではない。』
『新版 人生で大切なことは、すべて「書店」で買える。』

〈日本文芸社〉
『何となく20代を過ごしてしまった人が30代で変わるための100の言葉』

〈ぱる出版〉
『学校で教わらなかった20代の辞書』
『教科書に載っていなかった20代の哲学』
『30代から輝きたい人が、20代で身につけておきたい「大人の流儀」』
『不器用でも愛される「自分ブランド」を磨く50の言葉』
『人生って、それに早く気づいた者勝ちなんだ！』
『挫折を乗り越えた人だけが口癖にする言葉』
『常識を破る勇気が道をひらく』
『読書をお金に換える技術』
『人生って、早く夢中になった者勝ちなんだ！』
『人生を愉快にする！ 超・ロジカル思考』
『こんな大人になりたい！』
『器の大きい人は、人の見ていない時に真価を発揮する。』

〈PHP研究所〉
『「その他大勢のダメ社員」にならないために20代で知っておきたい100の言葉』
『お金と人を引き寄せる50の法則』
『人と比べないで生きていけ』
『たった1人との出逢いで人生が変わる人、10000人と出逢っても
何も起きない人』
『友だちをつくるな』

『バカなのにできるやつ、賢いのにできないやつ』
『持たないヤツほど、成功する！』
『その他大勢から抜け出し、超一流になるために知っておくべきこと』
『図解「好きなこと」で夢をかなえる』
『仕事力をグーンと伸ばす20代の教科書』
『君のスキルは、お金になる』
『もう一度、仕事で会いたくなる人。』
『好きなことだけして生きていけ』

〈藤田聖人〉
『学校は負けに行く場所。』
『偏差値30からの企画塾』
『「このまま人生終わっちゃうの？」と諦めかけた時に向き合う本。』

〈マガジンハウス〉
『心を動かす 無敵の文章術』

〈マネジメント社〉
『継続的に売れるセールスパーソンの行動特性88』
『存続社長と潰す社長』
『尊敬される保険代理店』

〈三笠書房〉
『「大学時代」自分のために絶対やっておきたいこと』
『人は、恋愛でこそ磨かれる』
『仕事は好かれた分だけ、お金になる。』
『1万人との対話でわかった 人生が変わる100の口ぐせ』
『30歳になるまでに、「いい人」をやめなさい！』

〈リベラル社〉
『人生の9割は出逢いで決まる』
『「すぐやる」力で差をつけろ』

239

著者紹介

千田琢哉 （せんだ・たくや）

愛知県生まれ。岐阜県各務原市育ち。文筆家。
東北大学教育学部教育学科卒。
同大学学友会ボディビル部元主将。
日系損害保険会社本部、大手経営コンサルティング会社勤務を経て独立。コンサルティング会社では多くの業種業界におけるプロジェクトリーダーとして戦略策定からその実行支援に至るまで陣頭指揮を執る。保険業界では業界紙「保険毎日新聞」「新日本保険新聞」等で1ページ独占連載記事を長期間担当して脚光を浴びた。
のべ3,300人のエグゼクティブと10,000人を超えるビジネスパーソンたちとの対話によって得た事実とそこで培った知恵を活かし、"タブーへの挑戦で、次代を創る"を自らのミッションとして執筆活動を行っている。著書は本書で181冊目。
音声ダウンロードサービス「真夜中の雑談」、完全書き下ろし PDFダウンロードサービス「千田琢哉レポート」も好評を博している。

大学時代に教えておいてほしかったこと　　　〈検印省略〉

2024年 11 月 26 日　第　1　刷発行

著　者──千田　琢哉 （せんだ・たくや）

発行者──田賀井　弘毅

発行所──株式会社あさ出版

〒171-0022　東京都豊島区南池袋 2-9-9 第一池袋ホワイトビル 6F
電　話　03 (3983) 3225 (販売)
　　　　03 (3983) 3227 (編集)
F A X　03 (3983) 3226
U R L　http://www.asa21.com/
E-mail　info@asa21.com
印刷・製本　萩原印刷 (株)

note　　　http://note.com/asapublishing/
facebook　http://www.facebook.com/asapublishing
X　　　　http://twitter.com/asapublishing

©Takuya Senda 2024 Printed in Japan
ISBN978-4-86667-723-1 C2034

本書を無断で複写複製 （電子化を含む） することは、著作権法上の例外を除き、禁じられています。また、本書を代行業者等の第三者に依頼してスキャンやデジタル化することは、たとえ個人や家庭内の利用であっても一切認められていません。乱丁本・落丁本はお取替え致します。